AF550532

Bedroht

Ein illustrativer Einblick in die Welt der bedrohten Tierarten

von

Sascha Düvel

Charles Darwin (1809 - 1882)

Über die Entstehung der Arten durch natürliche Zuchtwahl oder die Erhaltung der begünstigten Rassen im Kampfe ums Dasein (On the Origin of Species by Means of Natural Selection, or the Preservation of Favoured Races in the Struggle for Life)
1859

„Darüber, dass noch so vieles über den Ursprung der Arten und Varietäten unerklärt bleibt, wird sich niemand wundern, wenn er unsere tiefe Unwissenheit hinsichtlich der Wechselbeziehungen der vielen um uns her lebenden Wesen in Betracht zieht."

Inhalt

VÖGEL

INSEKTEN

SÄUGETIERE

FISCHE

WEICH- UND KRUSTENTIERE / NESSELTIERE

AMPHIBIEN UND REPTILIEN

So imposant die evolutionäre, gesellschaftliche und technologische Entwicklung der Spezies Mensch auch sein mag, für unzählige andere Arten auf diesem Planeten ist sie fatal. Nur bei wenigen gefährdeten Tier- und Pflanzenarten ist das drohende Aussterben nicht direkt auf die Taten von Menschen zurückzuführen.

In diesem Buch wird ein eher unkonventioneller Blick auf insgesamt 55 Tiere geworfen, die, so unterschiedlich sie auch sind, eine Eigenschaft verbindet – sie sind vom Aussterben bedroht. Dargestellt werden sie nicht durch klassische Naturfotografien, sondern mit dem verfremdenden Mittel der Illustration. Die Bilder zeigen so weder immer die realistische Anatomie, noch die naturgetreue Farbe oder Umgebung der Tiere. Dafür erzählt jedes Motiv in seiner Gestaltung subtil von ihren individuellen Eigenschaften und den Besonderheiten ihrer Lebensbedingungen. Die danebengestellten kurzen Informationen zu den Tieren basieren dabei zum größten Teil auf den Daten der *Roten Liste gefährdeter Arten*, veröffentlicht von der *International Union for Conservation of Nature*, kurz *IUCN*.

Viele der vom Menschen in Gang gesetzte ökologische Prozesse sind wenig oder gar nicht rückgängig zu machen. Es liegt aber in unserer Macht, von diesem Punkt in unserer Geschichte an unsere besondere Rolle auf diesem Planeten zu akzeptieren sowie die damit verbundene Verantwortung zu erkennen und anzunehmen. Ob unsere individuellen Ziele nun eher auf unser eigenes Wohl oder auf das Wohl anderer ausgerichtet sind – wir leben in einer Zeit, in der wir unseren Beitrag an der Veränderung des Ökosystems Erde sowohl an uns selbst als auch an Milliarden von anderen Organismen direkt bemerken können.

Obwohl das Bewusstsein für unsere Einflussnahme nicht neu ist und valide Daten uns das Ausmaß unserer individuellen Entscheidungen quasi täglich spiegeln, hat die Mehrheit der Menschen konsequente Gegenmaßnahmen lange vor sich hergeschoben. Sofern es weiterhin eine Option für unser Überleben und das Überleben aller anderen Arten geben soll, ist die Zeit gekommen, jede unserer vergangenen Taten zu hinterfragen, zu bewerten und danach in der Gegenwart zu handeln. Egal ob wir konservative oder progressive Motive haben – wir können nur Neues erreichen, wenn wir es schaffen, bestehende Verhältnisse zu erhalten. Und wir können Bestehendes nur schützen, wenn wir bereit sind, unser Verhalten grundlegend zu verändern. Wenn wir eine Zukunft haben wollen, müssen wir die Natur schützen.

Pro Tag
130

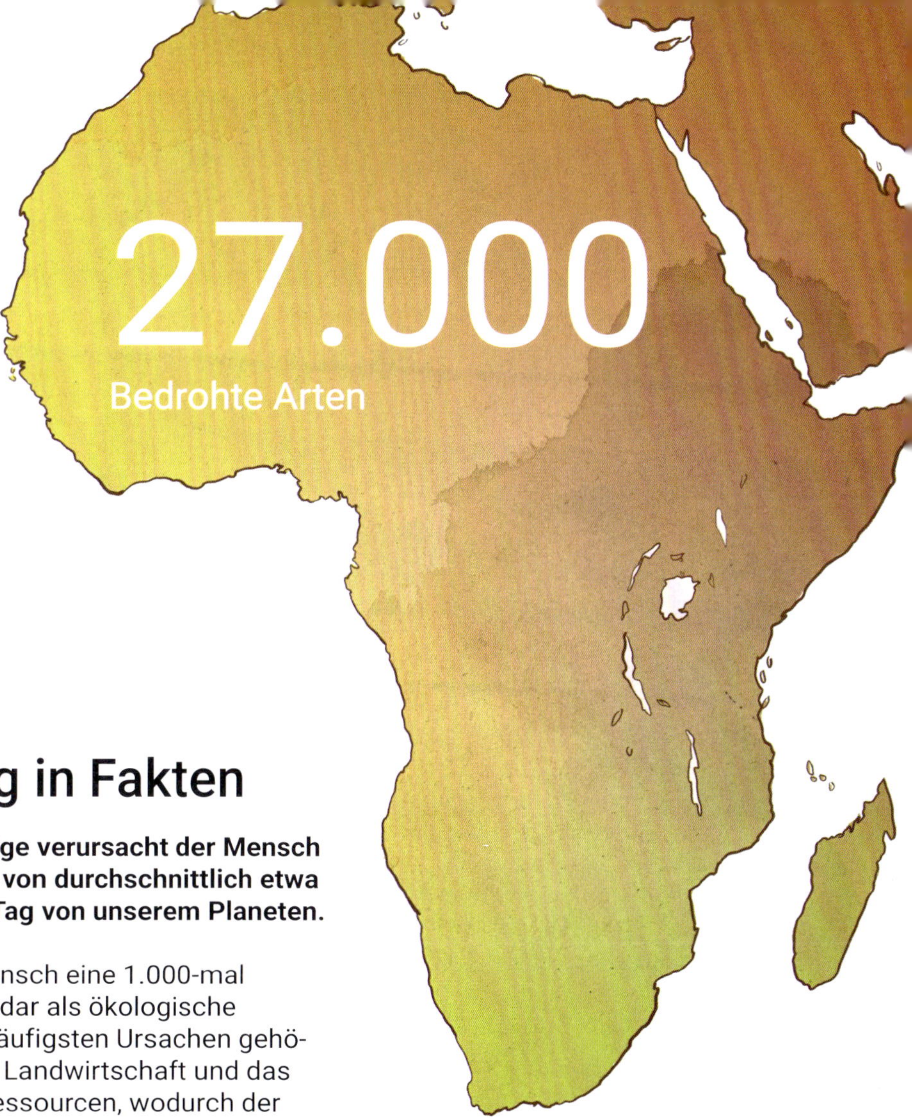

27.000

Bedrohte Arten

Bedrohung in Fakten

Schätzungen zufolge verursacht der Mensch das Verschwinden von durchschnittlich etwa 130 Tierarten pro Tag von unserem Planeten.

Damit stellt der Mensch eine 1.000-mal höhere Bedrohung dar als ökologische Faktoren. Zu den häufigsten Ursachen gehören Waldrodungen, Landwirtschaft und das Abschöpfen von Ressourcen, wodurch der Lebensraum der einzelnen Arten zerstört wird. Exponentielles wirtschaftliches Wachstum und beschleunigtes Artensterben stehen dabei in keinem Widerspruch, sondern in einem direkten Zusammenhang.

Laut der aktualisierten IUCN Red List von Juni 2019 verschlechtert sich die Biodiversität dramatisch. Von den aktuell 98.500 auf der Liste erfassten Tier- und Pflanzenarten sind rund 27.000 vom Aussterben bedroht, darunter 40% der Amphibien, 34% der Nadelhölzer, 33% der Riffe bildenden Korallen, 25% der Säugetiere und 14% der Vögel. Das sind doppelt so viele wie noch im Jahr 2000.

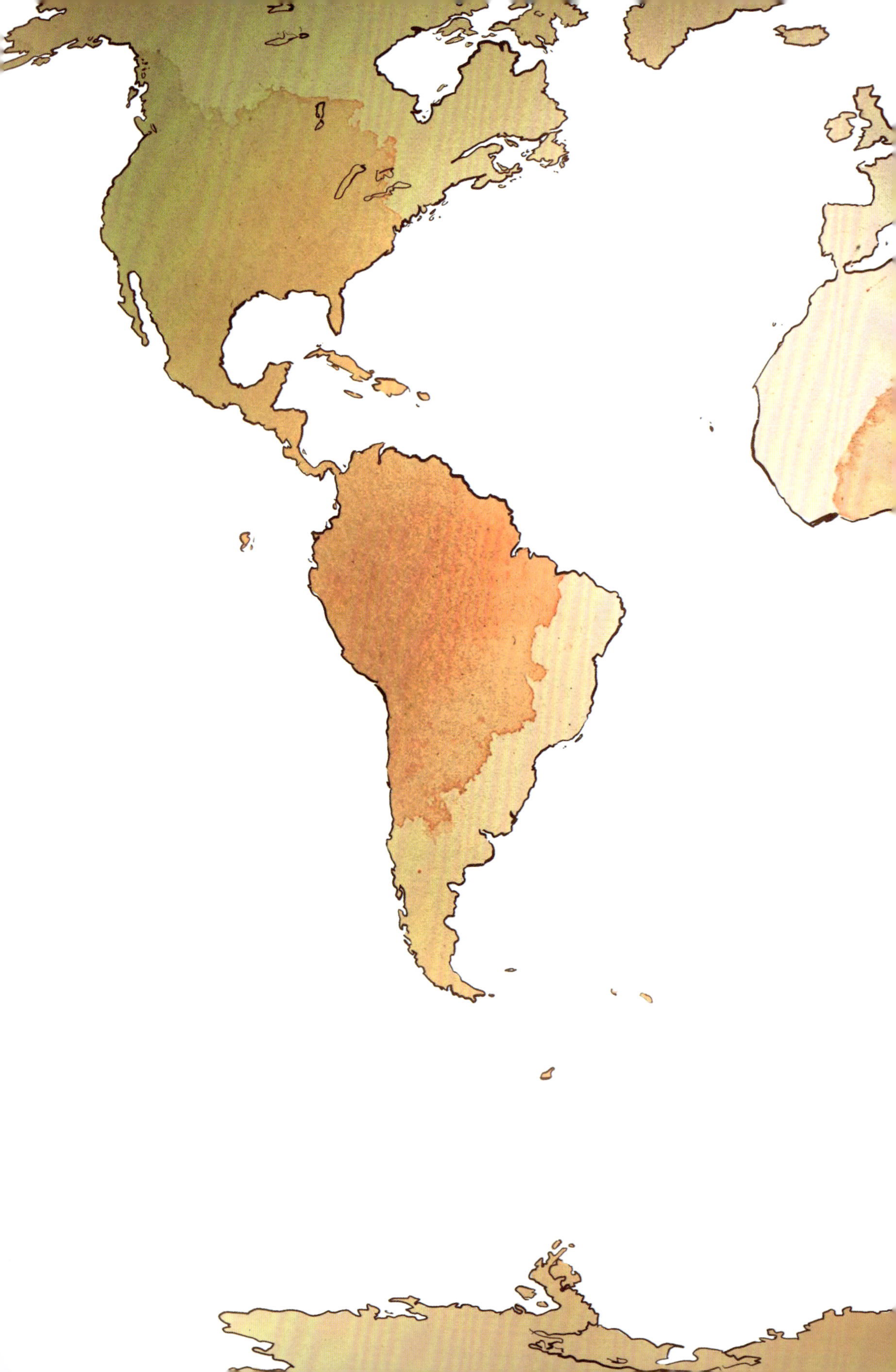

Bedrohung der Arten als internationales Problem

Jedes Tier und jede Pflanze haben eine wichtige Funktion im Ökosystem dieser Erde. Wenn eine bedrohte Art aus der Natur verschwindet, entstehen Folgen für das gesamte Ökosystem des Planeten. So wird das Artensterben auch zu einer direkten Bedrohung für den Menschen.

Vögel

Zur Klasse der Vögel zählen Wirbeltiere, die ein Flügelpaar, ein Federkleid und einen Schnabel besitzen.

Wissenschaftlicher Name: *Aves*

Schwarzflügelstar

Java, Indonesien

Die einzelnen Vögel streifen tagsüber für die Futtersuche unabhängig voneinander umher, sammeln sich jedoch nachts zum Schlafen in kleinen Gruppen.

Habitat
Die letzten wildlebenden Tiere wurden in Mangrovenwäldern gesichtet; vermutlich, da sie hier schwieriger zu fangen sind, als in landschaftlich genutzten Arealen.

Bedrohung
Pestizide, Jagd, Handel

Population
ca. 20 wildlebende Exemplare

Besonderheiten
Der Schwarzflügelstar ist der beliebteste Käfigvogel auf Java. Die Jagd für den Lebendverkauf scheint der Hauptgrund für sein nahendes Aussterben zu sein.

014 Acridotheres melanopterus

Kakapo

Neuseeland

Das sporadische Brutverhalten der Kakapos erschwert es, ihrem Aussterben entgegenzuwirken: Erst nach 5 bis 11 Jahren erreichen sie ihr reproduktives Alter. Anschließend brüten sie nur zwei- bis fünfjährlich.

Habitat
Mischwälder

Bedrohung
An ihren ursprünglichen Standorten auf Steward Island sowie der Nord- und Südinsel waren natürliche und eingebrachte Fressfeinde, wie Katzen sowie Nager- und Marderarten, ausschlaggebend für das Artensterben. In den vergangenen Jahren wurden Kakapos auch Opfer von Entzündungskrankheiten und bakteriellen Infektionen.

Population
149 in Naturschutzgebieten angesiedelte Exemplare

Besonderheiten
Kakapos brüten nur, wenn die Samen der Steineibengewächse *Dacrydium cupressinum* oder *Halocarpus biformis* reif sind.

Strigops habroptila **017**

Seyschellen-Paradiesschnäpper

La Digue, Seychellen

Die Schwanzfedern der blauschwarzen männlichen Seychellen-Paradiesschnäpper können bis zu 30 cm lang werden und bilden so das deutlichste Unterscheidungsmerkmal gegenüber den schwarz-braun-weißen Weibchen.

Habitat
Wald- und Feuchtgebiete

Bedrohung
Die größte Gefahr ist die anhaltende Verkleinerung des Lebensraums durch illegale Rodungen für Tourismus und private Bauprojekte sowie durch Baumkrankheiten. An Waldrändern treten außerdem öfter Brutverluste durch einheimische und eingebrachte Nesträuber auf als in dicht bewaldeten Gebieten.

Population
Es wird von etwa 210–278 Individuen ausgegangen, von denen 140–190 ausgewachsene Tiere sind.

Besonderheiten
Als Schutzmaßname wurde inzwischen neben dem bisher einzigen Vorkommen auf La Digue eine zweite Population auf der Seychelleninsel Denis Island angesiedelt.

018 Terpsiphone corvina

Blaukappenhäherling

Jiangxi Provinz, China

Die Vögel stehen in China unter keinerlei gesetzlichem Schutz und haben inzwischen viele ihrer früheren Brutgebiete wegen der Ausbreitung urbaner Räume verlassen. Nester in Schulgebäuden wurden in der Vergangenheit von SchülerInnen ohne Konsequenzen zerstört.

Habitat
Wald- und Buschland

Bedrohung
Mehrere Nist- und Ruheplätze wurden durch Straßen- und Tourismusbauprojekte zerstört. Vor allem in den 1980er und 1990er Jahren, aber auch noch nach dem Verbot von Vogelexporten 1998, fielen viele Tiere der Jagd zum Opfer.

Population
2016 wurden 323 Exemplare geschätzt, von denen weniger als 250 ausgewachsene Tiere sein dürften.

Besonderheiten
Die verbleibende Population läuft durch ihre starke Reduzierung Gefahr, ihre genetische Vielfalt zu verlieren.

Garrulax courtoisi

Kurzhaubenelfe

Sierra Madre del Sur, Mexiko

Ein großer Teil des Lebensraums der Kurzhaubenelfen wird zum illegalen Drogenanbau genutzt, wodurch sich eine genauere Untersuchung der Populationsgröße als sehr schwierig erweist.

Habitat
Bergige tropische und subtropische Wald- und Feuchtgebiete

Bedrohung
Waldrodung zum Anbau von Mais, Obst und Kaffee

Population
Ca. 350–1.500 Exemplare, von denen vermutlich 250–999 ausgewachsene Tiere sind.

Besonderheiten
Kurzhaubenelfen scheinen die Zeit zwischen März und August in niedrigeren Lagen zu verbringen und für die Brut in höhere Gebiete zu ziehen.

022 ***Lophornis brachylophus***

Schwarzer Stelzenläufer

Waitaki-Tal, Neuseeland

Die Spezies war ursprünglich in den Sumpf-, Fluss- und Küstenlandschaften der Nord- wie auch der Südinsel Neuseelands weit verbreitet.

Habitat
Feucht- und Küstengebiete

Bedrohung
Eingebrachte Raubtiere und der Lebensraumverlust durch Land- und Energiewirtschaft haben einen signifikanten Anteil an der Reduzierung der Art.

Population
Jährlich werden in Gefangenschaft aufgezogene Vögel freigelassen, um die schrumpfende wilde Population zu unterstützen. Von etwas über 100 brutfähigen Schwarzen Stelzenläufern kann vermutlich nicht mal die Hälfte als tatsächlich wilde Individuen eingestuft werden.

Besonderheiten
Paare bleiben ihr Leben lang zusammen und kümmern sich gemeinsam um die Brutpflege. Die Vögel erreichen ihr reproduktives Alter in der Regel mit zwei oder drei Jahren.

Himantopus novaezelandiae **025**

Schildschnabel

Brunei; Indonesien; Malaysia; Myanmar; Thailand

Der Schildschnabel gehört zur Familie der Nashornvögel. Der Hornaufsatz auf seinem massiven Schnabel macht etwa 10% seines Gesamtgewichts aus.

Habitat
Tropische und subtropische bewaldete Feuchtgebiete

Bedrohung
Die 1,2 m großen Vögel werden aufgrund ihres markanten Schnabels oft Opfer illegaler Jagd. Die Verkleinerung des Lebensraums für Land- und Forstwirtschaft ist ein weiterer wichtiger Faktor.

Population
Es liegen keine genauen Zählungen vor. Selbst in ihrem primären Lebensraum variiert die Populationsdichte zwischen nur 0,19 und 2,6 Exemplaren pro km^2.

Besonderheiten
Die Spezies ernährt sich vornehmlich von Feigen, für die sie weite Wege zurücklegt und so eine wichtige Rolle bei der Samenausbreitung übernimmt. Gelegentlich erbeuten Schildschnäbel auch Eichhörnchen, Schlangen oder kleinere Nashornvogelarten.

026 ***Rhinoplax vigil***

Goldbauchsittich

Melaleuca, Australien

Die Spezies ist zur Futtersuche auf brandgerodete Areale spezialisiert, die durch den regionalen Zinnabbau entstanden sind.

Habitat
Eukalyptus- und Regenwälder zur Brutzeit. Salzwiesen, Dünen, Strände, Weiden und Buschland in Küstennähe nach der Brutzeit.

Bedrohung
Da seit den 1990er Jahren keine Vegetationsflächen mehr für den Zinnabbau abgebrannt werden, hat sich der Lebensraum der Tiere deutlich verkleinert. Landwirtschaft, Krankheiten, konkurrierende Spezies und Fressfeinde stellen weitere gravierende Gefahren dar.

Population
Trotz zahlreicher Bemühungen, die Wildpopulation durch in Gefangenschaft aufgezogene Tiere zu stabilisieren, wurden für 2017 weniger als 25 ausgewachsene Tiere geschätzt.

Besonderheiten
Beobachtungen weisen darauf hin, dass die Vögel zu Beginn der Brutzeit in Gebieten nach Futter suchen, die vor 7–15 Jahren brandgerodet wurden. Später in der Brutzeit bevorzugen sie vor 3–5 Jahren abgebrannte Flächen.

Neophema chrysogaster **029**

Rostfischer oder Sulawesizwergfischer

Sangihe-Inseln und Talaudinseln, Indonesien

Trotz seiner zierlichen Gesamtlänge von 13 cm fällt der kleine Eisvogel durch seinen leuchtend roten Schnabel auf.

Habitat
Tropische und subtropische bewaldete Feuchtgebiete.

Bedrohung
Der Urwald der Sangihe-Insel ist inzwischen fast vollständig landwirtschaftlich genutzten Flächen und eingebrachten Baumarten gewichen. Somit ist kaum noch natürlicher Lebensraum der Vögel vorhanden.

Population
Seitdem die Art in zwei separate Spezies unterteilt ist, wurde keine Zählung mehr vorgenommen. Es wird von weniger als 250 Individuen ausgegangen.

Besonderheiten
Seit der Jahrtausendwende konnten keine Sichtungen der Vögel mehr verzeichnet werden.

 Ceyx sangirensis

Juan-Fernandez-Kolibri

Juan-Fernández-Inseln, Chile

Die Spezies weist einen derart ausgeprägten Sexualdimorphismus auf, dass Männchen und Weibchen früher fälschlicherweise für zwei unterschiedliche Arten gehalten wurden.

Habitat
Tropische und subtropische Wald-, Feucht- und Buschgebiete

Bedrohung
Die durch Land- und Forstwirtschaft erschwerte Nahrungssuche sowie eingebrachte und heimische Raubtiere sind vornehmlich für den Rückgang der Spezies verantwortlich.

Population
Die gegenwärtige Population wird auf 740–3.000 Individuen geschätzt.

Besonderheiten
Die Population wurde 2010 durch einen Tsunami auf der Insel Robinson Crusoe stark verringert. Dem Unwetter fielen allerdings auch viele Katzen und somit ein Großteil der Fressfeinde der Spezies zum Opfer, wodurch sich der Bestand anschließend wieder etwas erholen konnte.

Sephanoides fernandensis

Edwardsfasan

Vietnam

Besonders der Einsatz von Herbiziden zur Entlaubung und Nahrungsmittelverknappung während des Vietnamkriegs hat die Spezies viel Lebensraum gekostet.

Habitat
Tropische und subtropische Waldgebiete

Bedrohung
Fast alle Wälder, die die Spezies ursprünglich bewohnte, sind heute durch Krieg, Forst- und Landwirtschaft zerstört worden. Sie war außerdem stets extremem Jagddruck ausgesetzt.

Population
Seit dem Jahr 2000 wurden keine wildlebenden Individuen mehr gesichtet. Die Population bewegt sich nach Schätzungen zwischen 50 und 250 Exemplaren, könnte aber auch bereits ausgestorben sein.

Besonderheiten
Falls noch eine wilde Population existieren sollte, ist sie vermutlich stark zersplittert. Die letzten Sichtungen einzelner Individuen wurden in großen Entfernungen voneinander verzeichnet.

034 Lophura edwardsi

036 ***Necrosyrtes monachus***

Kappengeier

Subsahara-Afrika

Im Senegal genießt die Spezies Schutz als Totemtier einiger Familien.

Habitat
Wald, Savanne, Wüste, Weideland, Gras-, Busch- und Stadtgebiete

Bedrohung
Viele Faktoren scheinen für den starken Rückgang der Population verantwortlich zu sein. Besonders die Jagd für traditionelle Medizin und für den Handel mit Fleisch, aber auch gezielt und ungezielt eingesetztes Gift, Krankheiten und abnehmende Nahrungsquellen spielen eine wesentliche Rolle.

Population
maximal 197.000 Individuen

Besonderheiten
In nur drei Generationen hat sich die Populationsgröße um 83% verkleinert.

Schwarzmaskenguan

Argentinien; Brasilien; Paraguay

Die Art gehört zur Ordnung der Hühnervögel und fällt durch ihre eindrucksvolle schwarze Färbung auf.

Habitat
Tropische und subtropische Waldgebiete

Bedrohung
Jagd, Verkleinerung des Lebensraums durch Forst- und Landwirtschaft

Population
Schätzungen gehen von einem rapide zurückgehenden Bestand von 1.500–7.000 Exemplaren aus.

Besonderheiten
Obwohl sich die Art in manchen Gebieten stark auf die Früchte einzelner Palmenarten konzentriert, ernährt sie sich auch von Blumen, verschiedenen Baumfrüchten und Weintrauben.

038 Pipile jacutinga

Mindorokuckuck

Mindoro, Philippinen

Dieser scheue Vogel ist nur schwer zu entdecken – nicht zuletzt wegen der Färbung seines Federkleids, mit der er im Laub gut getarnt ist.

Habitat
Tropische und subtropische Wald- und Feuchtgebiete

Bedrohung
Waldrodungen für Bergbau und Holzwirtschaft

Population
Anhand der letzten Untersuchung von 2001 wird die Zahl der ausgewachsenen Individuen auf 50–249 geschätzt.

Besonderheiten
Gemessen am aktuellen Voranschreiten der Rodungen wird der Lebensraum der Spezies voraussichtlich 2020 vollständig zerstört sein.

Centropus steerii **041**

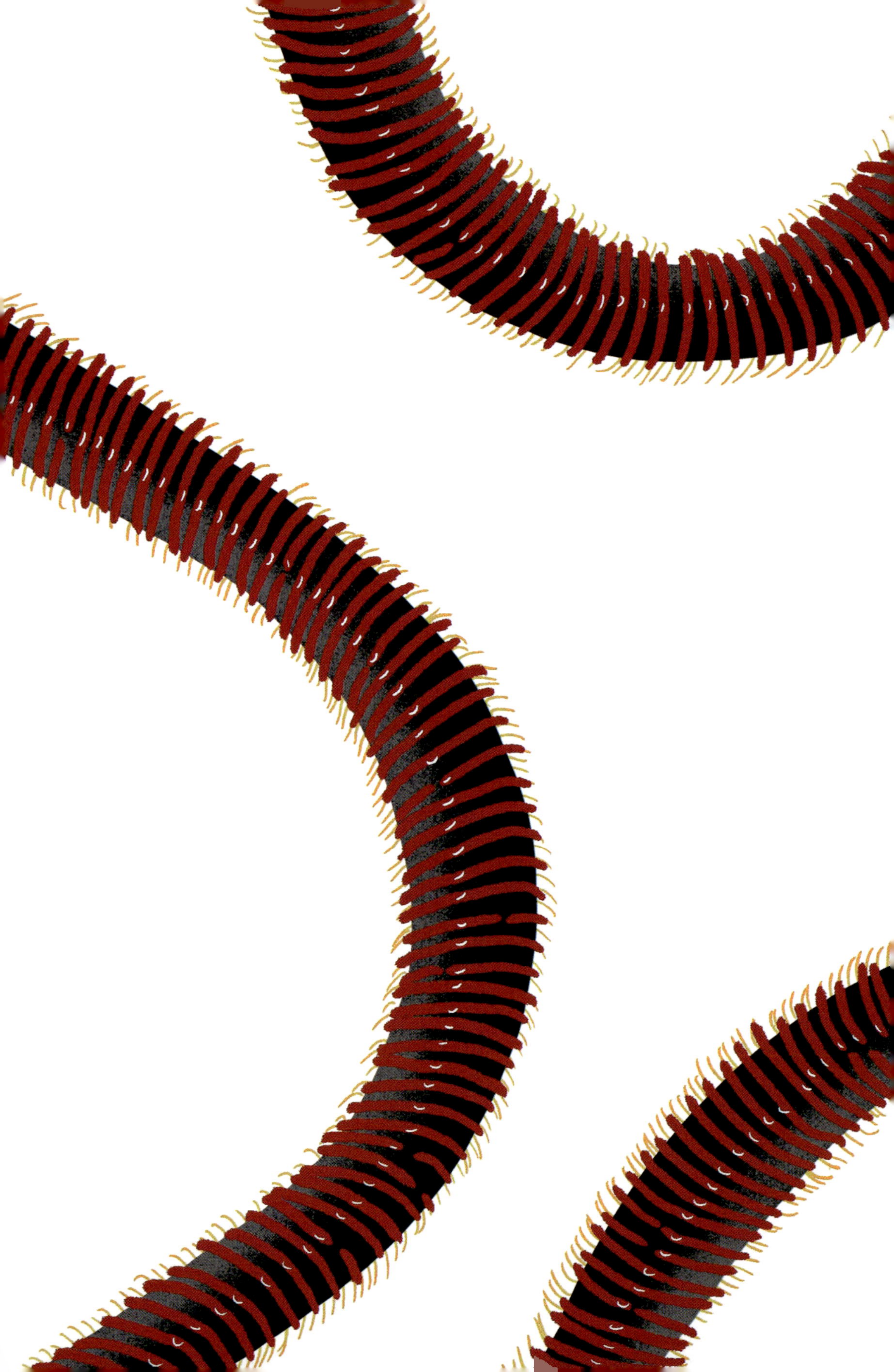

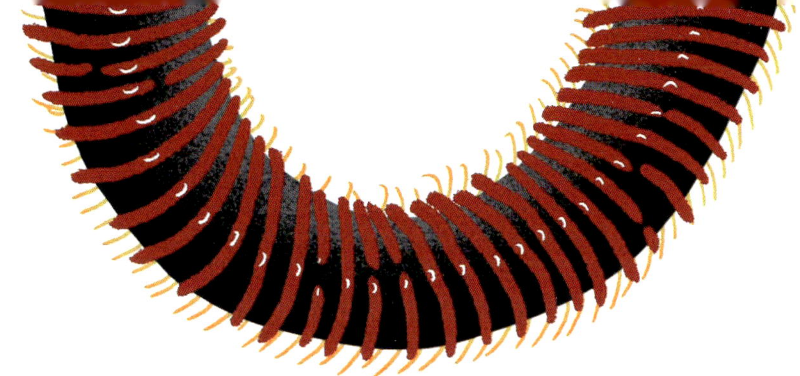

Insekten

Insekten gehören zum Stamm der Gliederfüßer und bilden die artenreichste Klasse der Tiere. Ebenfalls gebräuchliche Namen sind Kerbtiere oder Kerfe.

Wissenschaftlicher Name: ***Insecta***

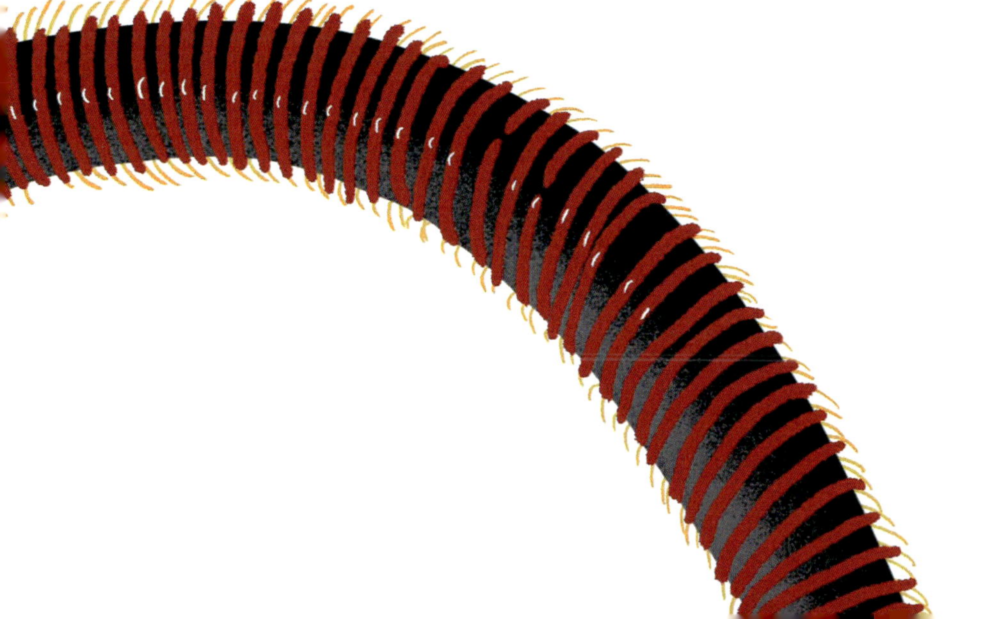

Roter Madagaskar-Tausendfüßer

Manantantely-Wald, Madagaskar

Die einzelnen Körperglieder dieser zur Klasse der Doppelfüßler zählenden Tiere sind durch ihre markante Zeichnung gut zu erkennen.

Habitat
Tropischer und subtropischer Regenwald

Bedrohung
Die schätzungsweise ohnehin sehr kleine Population ist vollständig auf den Erhalt ihres winzigen Lebensraums angewiesen, der im Gegensatz zu den umliegenden Waldgebieten noch nicht Rodungen für den Gewinn an Agrarflächen zum Opfer gefallen ist.

Population
Es existieren keine Schätzungen der tatsächlichen Populationsgröße.

Besonderheiten
Das Vorkommen der Spezies wurde nur für das private Schutzgebiet Manantantely bestätigt. Außerhalb des 10 km^2 großen Areals wurde noch kein Exemplar gesichtet.

Aphistogoniulus corallipes **045**

Rostbraungefleckte Hummel

Kanada; USA

Die Waben der Hummeln sind ähnlich denen der Bienen. Im Gegensatz zu ihren nahen Verwandten nutzen sie in der Regel ihr Nest allerdings nicht zweimal, sondern bauen jedes Jahr ein neues.

Habitat
Wald- und Grasgebiete sowie landwirtschaftlich genutzte und urbane Areale

Bedrohung
Die Spezies leidet besonders unter von kommerziell genutzten Bienen auf wilde Arten übertragene Krankheiten sowie unter kontinuierlichem Lebensraumverlust durch Agrar- und Stadtentwicklung. Der massive Einsatz von Pestiziden und Insektiziden sowie die Folgen des Klimawandels scheinen ebenfalls starken Einfluss auf die Populationsgröße zu haben.

Population
Die vormals in Nordamerika stark vertretene Art macht heute nur noch einen sehr kleinen Anteil der dort heimischen Bienen- und Hummelarten aus und hat sich in ihrer Zahl vermutlich um über 80% verringert.

Besonderheiten
Die Rostbraungefleckte Hummel gehört zu den kurzzüngigen Bienenarten und kann sich so nur von Pflanzen mit kurzen Blütenkelchen ernähren.

Bombus affinis

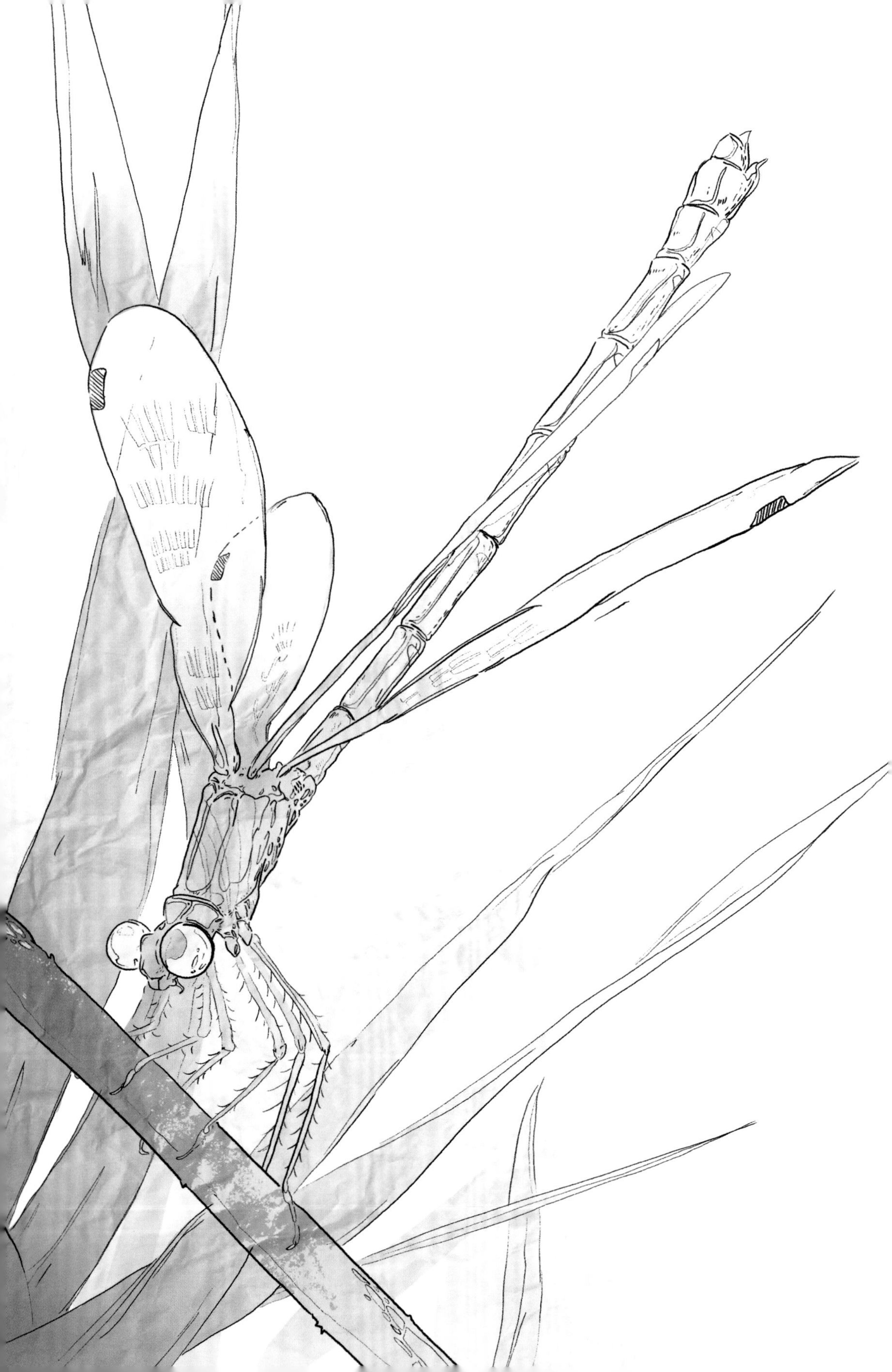

Weißflecken-Nadellibelle

Sri Lanka

Die Spezies könnte schon lange ausgestorben sein. Aufschluss darüber können nur ausführliche Untersuchungen des Habitats geben, die in Sri Lanka seit einigen Jahrzehnten nicht mehr durchgeführt wurden.

Habitat
Flüsse und Bäche in tropischen und subtropischen Bergwäldern und Feuchtgebieten

Bedrohung
Die möglichen Lebensräume der Art wurden in der Region Nuwara Eliya durch Bergbau sowie Energie-, Land- und Forstwirtschaft in den letzten Jahrzehnten stark beschädigt und fragmentiert.

Population
Die Populationsgröße ist nicht bekannt.

Besonderheiten
Seit der ersten Beschreibung der Spezies im Jahr 1933 wurden keine Exemplare mehr gesichtet.

Elattoneura leucostigma **049**

Graue Zwerg-Fangschrecke

Tolentino, Italien

Es ist nur ein einziger Fund dieser winzigen Gottesanbeterin dokumentiert, die vermutlich im Jahr 1871 stattgefunden hat.

Habitat
Mediterranes Buschland

Bedrohung
Es kann angenommen werden, dass die im 20. und 21. Jahrhundert stärker landwirtschaftlich genutzte Gegend um Tolino keinen idealen Lebensraum mehr für die Art bietet.

Population
Falls die Art nicht bereits ausgestorben ist, muss von einer sehr kleinen Population ausgegangen werden, da trotz umfangreicher Untersuchungen seit knapp 150 Jahren kein Fund verzeichnet werden konnte.

Besonderheiten
In den italienischen Marken wurden andere Fangschreckenarten dokumentiert, die vermutlich eng mit dieser Spezies verwandt sind.

050 ***Ameles fasciipennis***

EURO

Napoleon-Springspinne

St. Helena

Der Name dieser Spinnenart ist auf Napoleon Bonapartes Exil auf ihrer Heimatinsel zurückzuführen.

Habitat
Gemäßigte Wüstengebiete

Bedrohung
Während an einem der vier Lebensräume der Art auf der Insel umfangreiche Schutzmaßnahmen ergriffen wurden, ist die Population an den übrigen Standorten durch die Ausbreitung nichtheimischer Pflanzenarten gefährdet.

Population
Die genaue Populationsgröße ist nicht bekannt.

Besonderheiten
Die Spezies ist rund um die St. Helena-Teeplantage angesiedelt. Es wird davon ausgegangen, dass sie auf eine besonders an Teepflanzen vorkommende Insektenart als Beute spezialisiert ist.

Paraheliophanus napoleon

Blaue Ornamentvogelspinne

Jharkhand/Westbengalen, Indien

Ihre detailreiche Zeichnung und strahlend blaue Farbe haben dieser Spinne bereits zu einiger Internetberühmtheit verholfen.

Habitat
Tropische und subtropische Waldgebiete

Bedrohung
Wegen ihres außergewöhnlichen Aussehens ist die Art vermutlich häufig Opfer von Tierhändlern. Die rapide Verschlechterung ihres Lebensraums macht ein baldiges Aussterben wahrscheinlich.

Population
Genaue Zahlen liegen nicht vor. Es wird von einer sehr kleinen Population an nur einem einzigen Standort ausgegangen.

Besonderheiten
Über die Paarung der Art ist bisher nichts bekannt. Vom Fortpflanzungsverhalten verwandter Spinnen kann angenommen werden, dass die Männchen nicht älter als 2 Jahre werden, während die Weibchen ein Alter von 12 Jahren erreichen können und erst mit 5–7 Jahren geschlechtsreif sind.

054 ***Poecilotheria metallica***

David's Tiger

Kanlaon-Vulkan, Philippinen

Leider ist diese seltene Schmetterlingsart meistens nur in konservierter Form in Insektensammlungen zu finden.

Habitat
Tropische und subtropische Waldgebiete

Bedrohung
Die Population ist der konstanten Gefahr ausgesetzt, von Vulkaneruptionen ausgelöscht zu werden. Der Lebensraum ist außerdem von Waldrodungen am Fuß des Kanlaon bedroht.

Population
Die Größe der Art ist nicht bekannt.

Besonderheiten
Die einzige bekannte Population dieser Spezies ist an dem aktiven philippinischen Vulkan Kanlaon angesiedelt.

Parantica davidi **057**

Deutscher Hirschkäfer

Kontinentaleuropa / Süd-Großbritannien

Die 3 cm langen Greifwerkzeuge der männlichen Hirschkäfer kommen vor allem bei der Paarung zum Einsatz.

Habitat
Hartholz-Auenwälder, Buchenwälder, Kiefernforste, Streuobstwiesen, Parkanlagen, Friedhöfe, Alleen, Feldgehölze

Bedrohung
Einseitige Forstwirtschaft und der Rückgang geeigneter Lebensräume durch Rodungen für Landwirtschaft, Siedlungen und Bergbau machen eine Regeneration der Population unwahrscheinlich.

Population
Da in Norddeutschland nur noch verhältnismäßig wenige größere Waldflächen existieren, gilt der Hirschkäfer, der ursprünglich in ganz Deutschland heimisch war, bereits in Schleswig-Holstein als ausgestorben. Zahlen zur gesamten Population liegen nicht vor.

Besonderheiten
Hirschkäfer verpuppen sich in der Regel erst nach fünf Jahren, können abhängig vom Nahrungsangebot aber auch zwischen drei und acht Jahre lang eine Larve bleiben.

Lucanus cervus

Säugetiere

Säugetiere, oder Säuger, sind Wirbeltiere, die ihren Nachwuchs mit Milch aus den Milchdrüsen der Weibchen versorgen und eine gleichbleibende Körpertemperatur besitzen. Oft besitzen sie Fell aus Haaren.

Wissenschaftlicher Name: *Mammalia*

Seidensifaka

Nordost-Madagaskar

Beide Geschlechter zeichnen sich durch das namensgebende seidenweiche, weißsilberne Fell aus. Die Männchen heben sich durch einen braunen Fleck auf der Brust von den Weibchen ab, der durch Absonderungen ihrer Brustdrüse entsteht.

Habitat
Tropische und subtropische Feuchtwaldgebiete in Gebirgsnähe

Bedrohung
Der Verzehr von Primatenfleisch ist auf Madagaskar kein Tabu und Seidensifakas werden fortlaufend bejagt. Ihr Lebensraum wird außerdem durch Brandrodungen und illegalen Holzhandel zerstört.

Population
Es wird davon ausgegangen, dass nur noch weniger als 250 ausgewachsene Vertreter dieser äußerst seltenen Art existieren.

Besonderheiten
Eine weitere Gefahr für die Art stellt der unkontrollierte Handel mit dem seit 2017 unter Schutz gestellten Tropenholz Palisander dar, das in ihrem Lebensraum illegal abgeholzt wird.

Propithecus candidus **063**

Tüpfelkuskus

Neuguinea

Der Schwarzfleck-Tüpfelkuskus gehört zur Familie der Kletterbeutler, schläft in Astgabeln und ernährt sich vor allem von Blättern und Früchten.

Habitat
Tropische und subtropische Feuchtwaldgebiete

Bedrohung
Die Art wird von Einheimischen aus kulturellen Gründen und als Fleischlieferant gejagt. Die Zerstörung ihres Lebensraums hat ebenfalls starke Auswirkungen auf den Rückgang der Population.

Population
Der Tüpfelkuskus ist auf Neuguinea immer seltener zu finden. Genaue Zahlen liegen nicht vor.

Besonderheiten
Die Art ist wenig erforscht und vermutlich primär nachtaktiv.

_064_ **_Spilocuscus rufoniger_**

Cozumel-Waschbär

Cozumel Insel, Yocatan Peninsula, Mexico

Durch den Tourismus trauen sich viele der Tiere tagsüber nicht mehr aus ihren Verstecken und werden zunehmend nachtaktiv.

Habitat
Tropische und subtropische Trocken- und Mangrovenwälder

Bedrohung
Die durch den Tourismus wachsende Infrastruktur der Insel fragmentiert und verkleinert den Lebensraum der Waschbären deutlich. Viele der Tiere werden überfahren oder Opfer von eingebrachten Räubern. Eine weitere Bedrohung stellen in der Karibik zunehmende Wetterkatastrophen wie Hurricanes dar.

Population
Die Schätzungen schwanken zwischen 192–567 ausgewachsenen Exemplaren sowie 323–955 Tieren insgesamt.

Besonderheiten
Zu den auf Cozumel ursprünglich nicht heimischen Fressfeinden der Waschbären zählt neben wildlebenden Hunden, Katzen und Ratten auch die Boa constrictor.

Procyon pygmaeus **067**

Damagazelle

Sahara, Sahelzone

Die Art wird seit Jahrzehnten schonungslos bejagt. In vielen ihrer ursprünglichen Heimatländer wurde sie mit der Einführung moderner Schusswaffen und Allradfahrzeuge schnell ausgerottet.

Habitat
Trockene Savannen- und Wüstengebiete

Bedrohung
Unkontrollierte Jagd durch Nomaden und Militär sowie die Verschlechterung der Nahrungsversorgung stellen die Hauptgefährdung der Spezies dar.

Population
Während die Population in den 1970er Jahren noch auf eine fünfstellige Größe geschätzt wurde, wird heute von maximal 250 Tieren ausgegangen.

Besonderheiten
Im westlichen Teil ihres ursprünglichen Lebensraums wurde die Damagazelle unter anderem wegen ihrer Gallensteine – einem beliebten Talisman – gejagt.

068 ***Nanger dama***

Davidshirsch

China

Über Jahrhunderte hinweg war die einzige Population der in China „Milu“ genannten Art im königlichen Jagdgarten der Qing-Dynastie zu finden.

Habitat
Gemäßigte Grassavannen und Feuchtgebiete

Bedrohung
Die Art war ein beliebtes Ziel der Jagd. Ihr Lebensraum wurde nach und nach durch landwirtschaftliche und städtebauliche Entwicklungen zerstört.

Population
Der Davidshirsch ist in seiner wildlebenden Form ausgestorben.

Besonderheiten
Bevorzugte Lebensräume dieser äußerst schwimmbegabten Spezies waren saisonal überflutete Gebiete wie unter anderem das untere Flusstal des Jangtse.

Elaphurus davidianus **071**

Chinesisches Schuppentier

Nepal; Bhutan; Indien; Bangladesch; Myanmar; Laos

Die Tiere sind nachtaktive Einzelgänger, die aufgrund ihres sehr vorsichtigen Verhaltens kaum aufzuspüren sind.

072 Manis pentadactyla

Habitat
Tropische, subtropische sowie gemäßigte Zonen und vielfältige Vegetationsgebiete

Bedrohung
Exemplare dieser Art erzielen vor allem in China als Jagdbeute hohe Preise. Es wird davon ausgegangen, dass innerhalb von zehn Jahren zehntausende Tiere gefangen wurden.

Population
Das chinesische Schuppentier ist in Asien von geringem wissenschaftlichem Interesse, weshalb kaum Forschungsergebnisse zur Population existieren.

Besonderheiten
Die Art lebt offenbar in selbstgegrabenen unterirdischen Bauen oder in erweiterten Höhlen von Termiten, die gleichzeitig eine Nahrungsquelle darstellen.

Saola

Truong-Son-Gebirge, Laos/Vietnam

Diese Tiere sind in den Wäldern von Laos und Vietnam schwer ausfindig zu machen, weshalb nur wenige Informationen zu der Art vorliegen. Das erste Foto von einer Saola in der Wildnis wurde 1998 aufgenommen.

Habitat
Tropische und subtropische Feuchtwaldgebiete

Bedrohung
Land- und Forstwirtschaft sowie Berg- und Stadtbau verkleinern und verschlechtern den Lebensraum der Spezies deutlich. Den stärksten Effekt auf das Aussterben der Art hat die Jagd.

Population
Es existieren noch maximal 750 wildlebende Tiere.

Besonderheiten
Es besteht nahezu kein Interesse an der Art als Jagdbeute. Dennoch sterben viele Saola durch Fallen und Jagdhunde, die bei der Jagd auf Tiere, mit denen sie den Lebensraum teilen, eingesetzt werden.

Pseudoryx nghetinhensis **075**

Pardelluchs

Iberische Halbinsel

Der Pardelluchs steht in Spanien und Portugal im Fokus von Natur- und Tierschützern. Die Art wird kontinuierlich beobachtet und getrackt, um die bestehende Population bestimmen und vergrößern zu können.

Habitat
Mediterraner Buschwald

Bedrohung
Bis in die 1970er Jahre war die Jagd auf den Luchs und sein Hauptbeutetier, das Wildkaninchen, ausschlaggebend für die starke Verkleinerung der Populationsgröße. Zu den größten anhaltenden Gefahren zählen Verkehr und Beuteknappheit.

Population
Nachdem die Zahl zwischenzeitlich auf 62 gefallen war, konnte 2012 wieder von über 150 ausgewachsenen Tieren ausgegangen werden.

Besonderheiten
Der Pardelluchs ist nicht nur bezüglich seines Lebensraums, sondern auch in seiner Ernährung stark spezialisiert. Er ernährt sich fast ausschließlich von Wildkaninchen.

076 ***Lynx pardinus***

GPS
Tracker

Tapanuli-Orang-Utan

Batang Toru-Waldgebiet, Sumatra, Indonesien

Den Orang-Utans steht immer weniger Urwald zur Verfügung. Ein Großteil ihres Lebensraums besteht aus Felslandschaften.

Habitat
Tropische und subtropische Waldgebiete

Bedrohung
Der seit 2014 geltende Schutzstatus des Batang Toru-Waldgebiets, dem Hauptlebensraum der Art, wird von Teilen der indonesischen Regierung und damit auch von Siedlern sowie Bergbau-, Forst- und Palmölfirmen ignoriert. Die Orang-Utan-Population leidet weiterhin stark unter Jagd, Nahrungsknappheit und der Zerstörung ihres Habitats.

Population
Mit insgesamt weniger als 800 Tieren ist der Tapanuli-Orang-Utan die zahlenmäßig kleinste Menschenaffenart.

Besonderheiten
Die Art wird erst seit 2017 vom Sumatra-Orang-Utan differenziert, nachdem konsistente Unterschiede zwischen der Population im Batang Toru-Wald und anderen Orang-Utans auf Sumatra dokumentiert wurden.

Pongo tapanuliensis **079**

Mexikanisches Aguti

Veracruz und Oaxaca, Mexico

Der Aguti ist den ganzen Tag mit der Verbreitung von Pflanzen beschäftigt. Die Art betreibt stark Endozoochorie, also die Ausbreitung von Pflanzen durch gefressene und wiederausgeschiedene Samen.

Habitat
Tropische und subtropische Feuchtwaldgebiete

Bedrohung
Der Verlust ihres natürlichen Lebensraums stellt die größte Gefahr der Nagerart dar.

Population
Es existieren keine Schätzungen zur Anzahl Mexikanischer Agutis

Besonderheiten
Die Spezies ist tagaktiv und äußerst selten. Vertreter werden zumeist alleine oder in Paaren gesichtet.

080 ***Dasyprocta mexicana***

Europäischer Nerz

Spanien; Frankreich; Rumänien; Ukraine; Russland

Enorme Zahlen von Nerzen werden wegen ihres Pelzes getötet. In Russland wurde in den 1970er Jahren im großen Stil das Einführen des noch begehrteren Amerikanischen Nerzes vorangetrieben, der die heimische Art stark verdrängt hat.

Habitat
Fluss-, Seen- und Sumpfgebiete

Bedrohung
Die Art reagiert sehr empfindlich auf von Menschen verursachte Veränderungen ihres Ökosystems, wird vom eingeführten Amerikanischen Nerz verdrängt und findet in großen Teilen Europas keinen angemessenen Lebensraum mehr.

Population
Seit Mitte des 19. Jahrhunderts ist die Zahl Europäischer Nerze um mehr als 85% gesunken. Zu den verbleibenden Populationen in Osteuropa existieren keine realistischen Schätzungen.

Besonderheiten
Die Art war ursprünglich in fast Gesamteuropa beheimatet und ist nun in den allermeisten ursprünglichen Lebensräumen ausgestorben.

Mustela lutreola 083

Mendesantilope

Niger; Tschad

Die Antilopenart war lange Zeit eine hippe Jagdbeute in der Sahara und Sahelzone, die vor allem aus sportlichen Gründen geschossen wurde. Mit der Einführung moderner Fahrzeuge und Waffen wurden inzwischen über 99% der Spezies ausgerottet.

Habitat
Heiße Wüstengebiete

Bedrohung
Nachdem die Art lange bejagt wurde, waren in den vergangenen Jahren starke Verschlechterungen des Ökosystems durch die Erdölwirtschaft die vorherrschende Bedrohung. Durch politische Unruhen hat in jüngster Zeit auch die unkontrollierte Jagd wieder zugenommen.

Population
In den letzten Jahren konnten nur noch 3 wildlebende Mendesantilopen gesichtet werden. Es wird von insgesamt weit unter 100 verbleibenden Tieren ausgegangen.

Besonderheiten
Die Art ist dafür bekannt, in besonders kargen Landstrichen überleben zu können und ernährt sich von der wenig vorhandenen Wüstenvegetation.

084 ***Addax nasomaculatus***

Neukaledonische Langohrfledermaus

Mont Koghi, Neukaledonien

Trotz ihres morbiden Aussehens ist die Neukaledonische Langohrfledermaus eine vollkommen ungefährliche Nagerart.

Habitat
Tropische und subtropische Feuchtwaldgebiete

Bedrohung
Der einzige bekannte Fundort der Tiere ist durch Stadtentwicklung und von Menschen verursachte Waldbrände gefährdet.

Population
Nur äußerst wenige Sichtungen sind dokumentiert. Es existieren somit keine Zahlen zur Populationsgröße.

Besonderheiten
Die einzigen untersuchten Exemplare konnten in der Abenddämmerung auf einer Waldlichtung gefangen werden.

Nyctophilus nebulosus **087**

Zwergwildschwein

Nordwest-Assam, Indien

Wie der Name vermuten lässt, ist das Zwergwildschwein mit einer Schulterhöhe von etwa 30 cm die kleinste und gleichzeitig seltenste Wildschweinart der Welt.

Habitat
Tropische und subtropische Feuchtgrasgebiete

Bedrohung
Neue Siedlungen, Land- und Forstwirtschaft, Überschwemmungsschutzmaßnahmen sowie mehrmals im Jahr auftretende Buschbrände haben einen verheerenden Einfluss auf den Lebensraum der Art.

Population
Es existieren nur noch wenige Teilpopulationen aus insgesamt weniger als 250 Tieren.

Besonderheiten
Die „Thatchland" genannte Graslandschaft, in der die Zwergwildschweine leben, wird jährlich mehrfach abgeerntet, da die Gräser einen zentralen Rohstoff für lokale Dacheindeckungen darstellen. Wie bei den regelmäßigen Buschbränden verlieren die Tiere so oft ihren Schutz.

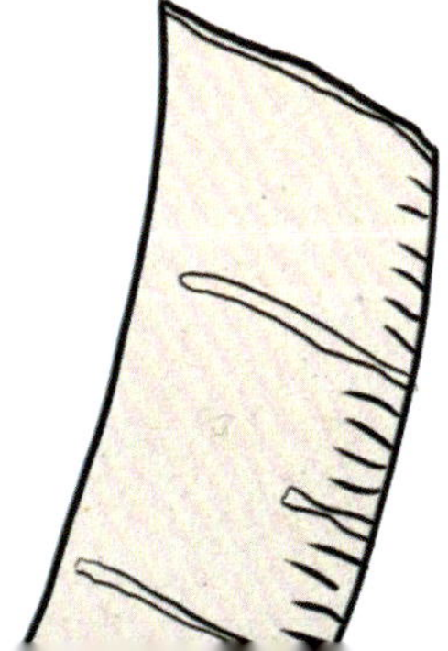

088 ***Porcula salvania***

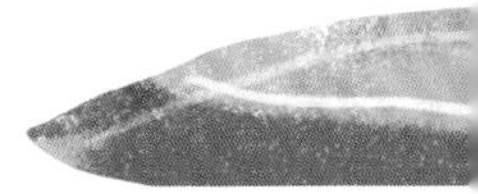

Fische

Der Begriff „Fische“ bezeichnet genaugenommen keine natürliche Einheit, sondern eine Gruppe aus morphologisch – also in Aussehen und Körperaufbau – ähnlicher Wirbeltiere, die im Wasser leben. Die meisten Fischarten atmen durch Kiemen, besitzen Schuppen und bewegen sich mit Flossen vorwärts.

Wissenschaftlicher Name: ***Pisces***

092 ***Thunnus maccoyii***

Südlicher Blauflossen-Thunfisch

Atlantik; Indischer Ozean; Pazifik

Die Art ist ein begehrter Speisefisch und seit Mitte des 20. Jahrhunderts Ziel massiven Fischfangs. Es wird davon ausgegangen, dass von der ursprünglich enorm großen Population in 100 Jahren weniger als 500 Tiere verbleiben werden.

Habitat
Die Art kann bis ins Bathypelagial, also bis unter 1.000 m Meerestiefe, tauchen. Zum Laichen zieht sie in ein verhältnismäßig kleines Gebiet vor Nordwestaustralien im östlichen tropischen Indischen Ozean.

Bedrohung
Die Spezies ist vornehmlich durch Fischfang gefährdet.

Population
Die Anzahl der Tiere ist schwer zu schätzen. In den letzten vier Jahrzehnten ist die Menge an Laich um rund 85% zurückgegangen. Seitdem gibt es keine Anzeichen für eine zahlenmäßige Regeneration.

Besonderheiten
Südliche Blauflossen-Thunfische können 225 cm lang, 200 kg schwer und vermutlich bis zu 40 Jahre alt werden. Geschlechtsreif sind sie in der Regel im Alter von 8–10 Jahren.

Schwertstör

Jangtsekiang, China

Der größte dokumentierte Schwertstör besaß eine Länge von 7 m bei einem Gewicht von über einer Tonne.

Habitat
Binnengewässer und maritime Flachwasserzonen

Bedrohung
Ein 1981 gebauter Staudamm im mittleren Lauf des Jangtsekiang schnitt den Fischen den Weg zu ihren Laichplätzen ab und hatte damit vermutlich erheblichen Einfluss auf ihre Reproduktion. Die Spezies war ein wichtiges Ziel des traditionellen chinesischen Fischfangs.

Population
In den vergangen Jahren sind alle Versuche gescheitert, Exemplare dieser Art zu finden. Sie könnte bereits ausgestorben sein. Offiziell wird von maximal 50 verbliebenen Tieren ausgegangen.

Besonderheiten
Bisherige Versuche, die Art in Gefangenschaft zu erhalten, scheiterten, da die Tiere nicht länger als 30 Tage außerhalb ihres natürlichen Lebensraums überlebten.

094 ***Psephurus gladius***

Siamesischer Tigerbarsch

Kambodscha; Laos; Vietnam

Der Siamesische Tigerbarsch ist ein beliebter Zierfisch für Aquarien. Da der Versuch, ihn in Gefangenschaft zu züchten, bisher immer fehlschlug, wird er weiterhin aus der Natur entnommen.

Habitat
Flüsse und Binnenseen

Bedrohung
Neben dem Handel als Zierfisch leisten Staudämme und andere Veränderungen des Lebensraums einen massiven Beitrag für das Verschwinden der Art.

Population
Es wird davon ausgegangen, dass sich die Population in den vergangenen 20 Jahren um 90% verringert hat. In Thailand ist die Spezies möglicherweise bereits ausgestorben.

Besonderheiten
Die Art ist in Thailand inzwischen unter Schutz gestellt. Da in den Gesetzestexten allerdings der frühere wissenschaftliche Name verwendet wurde, gab es bisher Probleme bei der Rechtsprechung.

Datnioides pulcher

Gangeshai

Ganges und Hugli, Indien

Durch die zunehmende Verschmutzung der indischen Flüsse Ganges und Hugli wird der Lebensraum zahlreicher Tierarten, wie auch der des Gangeshais, zerstört.

Habitat
Binnengewässer

Bedrohung
Der Handel mit Haiflossen und -kiefern als Delikatessen und Statussymbole macht den Gangeshai und verwandte Arten zu einem beliebten Ziel des Fischfangs. Die Verschmutzung und Veränderung der Flüsse stellen weitere massive Gefahren für die Tiere dar.

Population
Abgesehen von drei existierenden Museumsexemplaren aus dem 19. Jahrhundert konnte nur im Jahr 1996 ein weiterer gefangener Fisch als Gangeshai identifiziert werden.

Besonderheiten
Obwohl diese Flusshaiart bisher nur im Süßwasser dokumentiert wurde, wird ein Vorkommen im Meer nicht ausgeschlossen.

098 Glyphis gangeticus

Langkamm-Sägerochen

Persischer Golf; Rotes Meer; Ost-Indischer Ozean; Südchinesisches Meer; West-Pazifik

Mit bis zu 7 m Körperlänge ist diese Art vermutlich der größte Vertreter der Familie der Sägerochen. Bei der namensgebenden „Säge" handelt es sich um einen knorpeligen, seitlich mit Zähnen besetzten Auswuchs des Kopfes.

Habitat
Vor allem die jüngeren Tiere halten sich in Küstennähe auf. Ältere Langkamm-Sägerochen können aber auch tiefer im Meer gefunden werden.

Bedrohung
Obwohl Sägerochen meist nicht das primäre Ziel der Fischerei sind, verfangen sie sich mit ihrer Schnauze oft in Fischernetzen. Aufgrund des Wertes ihrer Flossen, des Fleischs und der Säge erzielen sie als Beifang hohe Gewinne.

Population
Heute existieren vermutlich nur noch weniger als 80% der historischen Population. Die Art ist bereits in vielen Meergebieten ausgestorben.

Besonderheiten
Über die Fortpflanzung ist nicht viel bekannt. Die relativ kleine Anzahl an Nachkommen und recht lange Generationsdauer machen aber ein erneutes Wachstum der kleinen Population unwahrscheinlich.

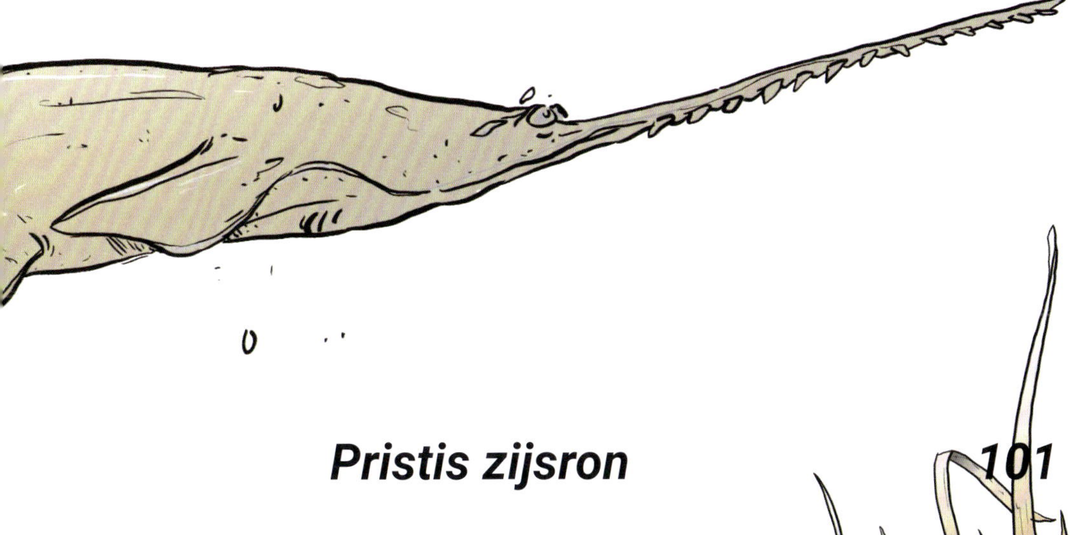

Pristis zijsron

Kleine Seenadel

Ostkap, Südafrikas

Die Spezies taucht fast nur in Verbindung mit dem Seegras Zostera capensis und der Salzwasserpflanze Ruppia cirrhosa auf. Zwischen den Blättern ist sie durch ihre Form gut getarnt und sie ernährt sich fast ausschließlich von Plankton.

Habitat
Brackwasserzonen an Flussmündungen

Bedrohung
Da die Kleine Seenadel auf Phytoplankton aus Binnengewässern angewiesen ist, haben gestaute oder ausgetrocknete Flüsse verheerende Auswirkungen auf ihr Ökosystem. Das Fortspülen von Wasserpflanzen durch starkes Hochwasser hatte ebenfalls das Verschwinden vollständiger Populationen zur Folge.

Population
Nachdem die Spezies bereits zweimal für ausgestorben gehalten wurde, wurden immer wieder neue kleine Populationen gefunden. Die Gesamtzahl wird auf unter 250 Tiere geschätzt.

Besonderheiten
Bei dieser Art sind die Männchen für das Austragen des Nachwuchses verantwortlich. Die Eier befinden sich in einem Brutbeutel unterhalb des Schwanzes.

Syngnathus watermeyeri

Stripenose Guitarfish

Arabisches Meer; Indischer Ozean

Über Verhalten und Fortpflanzung dieser Art ist nur wenig bekannt. Sie hält sich bevorzugt in einer Wassertiefe von 10–40 m in der Nähe von Korallenriffen auf.

Habitat
Flachwasser in Küsten- und Korallennähe

Bedrohung
Viele der Tiere verenden in den Schleppnetzen von Garnelenfischern. Die Folgen des weltweiten Rückgangs von Korallenriffen spiegelt sich ebenfalls in der Populationsgröße der Art wider.

Population
Hochrechnungen können nur anhand der Fangzahlen von Schleppnetzfischern gemacht werden. Es ist davon auszugehen, dass nur noch ein Bruchteil des ursprünglichen Bestands existiert.

Besonderheiten
Weibchen erreichen eine maximale Länge von 75 cm, während die Männchen 65 cm nicht überschreiten.

Acroteriobatus variegatus

Kleiner Zitterrochen

Golf von Mexiko; Karibisches Meer

Ihr markantes Rückenmuster hebt die Spezies von anderen Zitterrochenarten ab.

Habitat
Maritime Flachwasserzonen und Mündungsgebiete

Bedrohung
Die Spezies gerät oft als Beifang in die Netze der Garnelenfischerei. Da sie keine wirtschaftliche Bedeutung hat, wird sie meist ins Meer zurückgeworfen, besitzt aber nach dem Fang wenig Überlebenschancen.

Population
Eine konkrete Aussage über die Anzahl der Tiere kann nicht getroffen werden, da die Art in Zukunft noch in weitere verschiedene Spezies untergliedert werden könnte.

Besonderheiten
Besonders wenn sie Eier tragen, sind die Rochen sehr empfindlich. Es wurde beobachtet, dass, selbst wenn weibliche Tiere einen Fang überleben, sie die Embryos verlieren und vermutlich nachhaltig in der Fortpflanzung geschädigt sind.

Narcine bancroftii

Teufelskärpfling

Death Valley Nationalpark, Nevada, USA

Der Teufelskärpfling ist ausschließlich im „Devils Hole", einem unterirdischen Wasserreservoir in einer Kalkfelsspalte zu finden.

Habitat
Der einzige bekannte Lebensraum ist ein äußerst empfindliches Wasserreservoir mit einer Temperatur von etwa 33°C.

Bedrohung
Jegliche Veränderungen des äußerst speziellen und sensiblen Ökosystems können für den Teufelskärpfling verheerende Folgen haben. Sicherheitsmaßnahmen wurden ergriffen, um die Felsspalte nur noch für Naturschützer zugänglich zu machen.

Population
Die Art hat seit ihrer ersten Zählung nie 553 Tiere überschritten. Die letzte Zählung ergab eine gesamte Populationsgröße von 65 wildlebenden Tieren.

Besonderheiten
Im April 2016 kam mindestens ein Teufelskärpfling ums Leben, als drei betrunkene Männer auf das Gelände des Devils Hole einbrachen und das Wasserreservoir mit Bierdosen, Erbrochenem und Unterwäsche verunreinigten.

Cyprinodon diabolis

Weich- und Krebstiere / Nesseltiere

Weich- und Krebstiere
Heute geht man davon aus, dass es sich bei diesen Tieren um die ältesten in der Geschichte der Erde handelt. Alle Weich- und Krebstiere sind wirbellos; Schutz und Stabilität gibt ihnen kein inneres Skelett, sondern in manchen Fällen eine Schale (Weichtiere) oder ein Panzer (Krebstiere). Im Gegensatz zu Weichtieren gehören Krebstiere zum Stamm der Gliederfüßer und können sich mit Hilfe ihrer Beine fortbewegen.

Wissenschaftlicher Name Weichtiere: ***Mollusca***
Krebstiere: ***Crustacea***

Nesseltiere
Zu diesen Tieren zählen Korallentiere, Seeanemonen und Quallen. Sie ernähren sich in der Regel von Zooplankton oder kleinen Fischen, die sie mithilfe ihrer Tentakel festhalten.

Wissenschaftlicher Name Nesseltiere: ***Cnidaria***

Hirschgeweihkoralle

Karibisches Meer; Golf von Mexiko; Florida, USA; Bahamas

Zu hohe Temperaturen haben einen verheerenden Effekt auf das Ökosystem der Hirschgeweihkorallen und lassen sie erst ausbleichen und schließlich vollständig absterben.

Habitat
Felsige tropische Flachwasserzonen

Bedrohung
Zu den folgenreichsten Faktoren zählen Stürme, zunehmende Fressfeinde, zu hohe Wassertemperatur und die Korallenkrankheit „White-band Disease“.

Population
In der Karibik sind 38% des Hirschgeweihkorallenvorkommens zerstört worden. In einzelnen Gebieten sind Verluste von 80–97% zu verzeichnen.

Besonderheiten
Fast alle Gefahren für die Hirschgeweihkoralle stehen in Verbindung mit der Klimaerwärmung und auch die übrigen Faktoren sind in der Regel menschengemacht. Hierunter fallen Schäden durch Tourismus und Schifffahrt, Fischerei mit Dynamit und Chemikalien sowie die allgemeine Verschmutzung der Weltmeere.

Acropora cervicornis

Florida Cave Shrimp

Alachua County, USA

Ähnlich wie der Teufelskärpfling kommt auch diese Spezies ausschließlich in dem Wasserbecken einer Kalksteinhöhle vor, dem Squirrel Chimney in Florida.

Habitat
Einzelnes, unterirdisches Wasserreservoir

Bedrohung
In der Höhle wurde eine wachsende Population einer Karpfenfischart dokumentiert, die vermutlich eine Gefahr für die Garnelenlarven darstellen. Anhand der städtebaulichen und landwirtschaftlichen Entwicklungen in der Region könnte in Zukunft auch die Grundwasserqualität negativ beeinflusst werden.

Population
Abgesehen von dem ersten dokumentierten Exemplar aus dem Jahr 1953 und etwa 12 weiteren gefangenen Tieren in den 1960er und 1970er Jahren existieren keine Untersuchungsergebnisse.

Besonderheiten
Das Gelände, auf dem sich die Höhle befindet, ist in Privatbesitz und zur Zeit vor baulichen Entwicklungen und fremdem Zutritt geschützt.

114 ***Palaemonetes cummingi***

Singapur-Süßwasserkrabbe

Singapur

Diese Art der Süßwasserkrabbe kann nur noch in einem einzelnen Bach gefunden werden.

Habitat
Stein- und Laubansammlungen im tropischen Süßwasser

Bedrohung
Der Lebensraum wird durch Versauerung des Wassers, Absenkungen des Grundwasserspiegels und den Verlust eines schützenden Blätterdachs durch Rodungen verschlechtert.

Population
Es ist nur eine sehr kleine Population in einem Bach auf einem Hügel in der Nähe von Bukit Batok im Westen Singapurs bekannt.

Besonderheiten
Die Art ist vornehmlich nachtaktiv und ernährt sich von Pflanzenresten sowie von Gürtelwürmern.

Johora singaporensis

Great Palau Tree Snail

Palau

Diese Art ist äußerst schwer zu finden und vermutlich enorm selten. Sie scheint das Blattwerk von Bäumen und Büschen zu bevorzugen.

Habitat
Bäume in tropischen Gras- und Waldgebieten

Bedrohung
Bauliche Entwicklungen, eingebrachte Fressfeinde und Nahrungskonkurrenten könnten einen starken Effekt auf die Art haben.

Population
Nach Stichprobenerhebungen aus dem Jahr 1936 konnten zwischen 2003 und 2010 nur zwei Exemplare an zwei weit voneinander entfernten Orten gefunden werden – eins auf der Insel Babeldaob und eins auf der Insel Oreor.

Besonderheiten
Diese Raubschneckenart konnte sich in Palau offenbar in Abwesenheit von einheimischen konkurrierenden Schnecken entwickeln. Inzwischen eingeführte Arten könnten sie nun verdrängen.

 Palaopartula calypso

Amphibien und Reptilien

Die Begriffe umfassen als Sammelbezeichnungen Landwirbeltiere mit Ähnlichkeiten in äußerem und innerem Körperaufbau.

Die meisten **Reptilienarten** befinden sich auf der Schwelle zwischen Anamnia (Wirbeltiere ohne Embryonalhüllen im Embryostadium) und „höheren" Wirbeltieren (Säugetiere und Vögel). Reptilien besitzen in allen Entwicklungsstadien Lungen für die Atmung.

Wissenschaftlicher Name Amphibien: *Reptilia*

Amphibien können sich ausschließlich in Gewässern fortpflanzen und besitzen kiemenatmende Larven. Ein wesentliches Unterscheidungsmerkmal beider Gruppen zu Vögeln und Säugetieren ist das vollständige Fehlen von Haaren oder Federn.

Wissenschaftlicher Name Amphibien: *Amphibia*

Baw Baw Frosch

Baw-Baw-Plateau, Australien

Die Kaulquappen müssen keine Nahrung zu sich nehmen. Ein Eidottervorrat am Bauch versorgt sie bis zur Metamorphose zum ausgewachsenen Frosch mit ausreichend Energie.

Habitat
Gemäßigte Busch- und Feuchtgebiete

Bedrohung
Es ist schwer zu bestimmen, welche Faktoren für das Sterben der Art verantwortlich sind. Es wird ein weltweiter Rückgang von Amphibien in Gebirgsregionen dokumentiert, der unter anderem auf ultraviolette Strahlungen, Luftverschmutzung, zunehmende Krankheitserreger und den Klimawandel zurückzuführen sein könnte.

Population
Während in den 1980er Jahren noch von über 10.000 Fröschen auf dem Plateau ausgegangen wurde, wird die Zahl ausgewachsener Tiere heute auf unter 250 Stück geschätzt.

Besonderheiten
Die australischen Naturforscher arbeiten intensiv an einer stärkeren Überwachung der Art, um passende Schutzmaßnahmen planen und umsetzen zu können.

Philoria frosti

Chinesischer Riesensalamander

China; Taiwan

Diese Salamanderart ist der größte Vertreter der Klasse der Amphibien.

 Andrias davidianus

Habitat
Tropische, subtropische und gemäßigte Wald- und Feuchtgebiete

Bedrohung
Der Fang für den menschlichen Verzehr ist, neben der Zerstörung ihres Lebensraums, die Hauptursache für den starken Rückgang der Art. Obwohl es auch spezielle Zuchtfarmen gibt, wird davon ausgegangen, dass das meiste Fleisch von wildlebenden Tieren stammt.

Population
Es sind nur noch wenige, äußerst kleine Populationen bekannt.

Besonderheiten
Das Weibchen legt um die 500 Eier, die in einem Unterwasserbau oder einer Höhle vom Männchen befruchtet und 50–60 Tage bewacht werden. Nach dem Schlüpfen sind die Larven nach 30 Tagen bereit für die Nahrungsaufnahme.

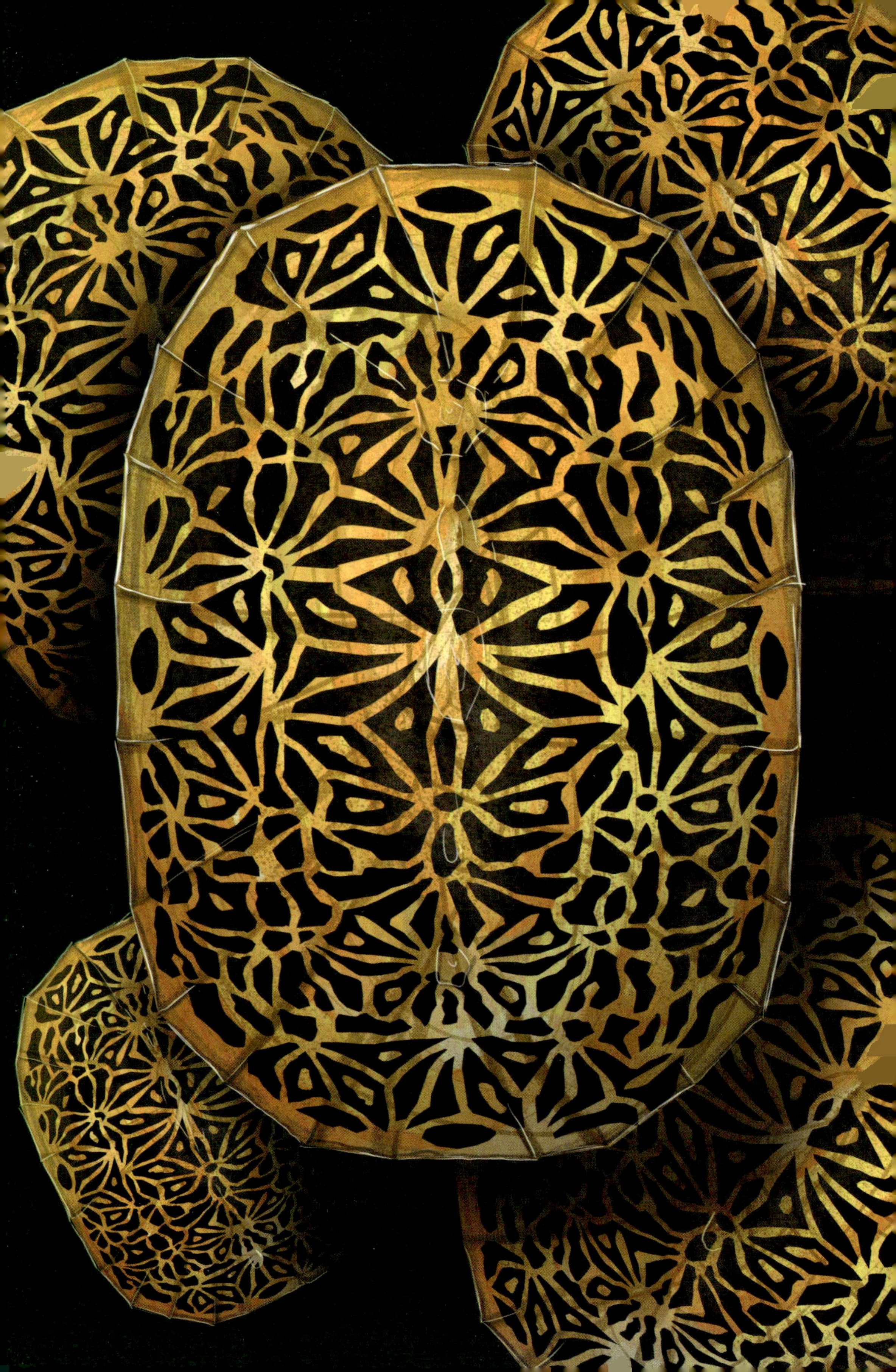

Geometrische Landschildkröte

Westkap, Südafrika

Für eine Landschildkröte ist die Art mit durchschnittlich 10 cm Körperlänge bei Männchen und 12,5 cm bei Weibchen verhältnismäßig klein. Der markant gemusterte und äußerst starke Panzer dient als Schutz gegen Raubtiere.

Habitat
Mediterranes Buschland

Bedrohung
Die menschengemachte Veränderung des Lebensraums, die Zunahme von Fressfeinden und das Fangen von Exemplaren zu dekorativen Zwecken haben massive Auswirkungen auf das Aussterben der Art.

Population
Während 1992 noch von 1.500–3.400 Schildkröten ausgegangen wurde, leben heute noch höchstens 800 Exemplare.

Besonderheiten
Über 90% des ursprünglichen Lebensraums wurde zugunsten von Landwirtschaft unwiderruflich zerstört.

Psammobates geometricus

Silberboa

Conception Island, Bahamas

Die Silberboa wurde erst 2015 entdeckt. Sie ist die erste neu dokumentierte Westindische Boa-Spezies seit 73 Jahren.

Habitat
Tropische und subtropische Feuchtwaldgebiete

Bedrohung
Es wird vermutet, dass die Art ursprünglich auf mehreren Teilen der Inselgruppe verbreitet war und durch Agrarnutzungen ihren Lebensraum verlor. Im Oktober 2015 wurde durch Hurricane Joaquin ein Teil des Waldes zerstört, in dem die Spezies zuhause ist. Im Zuge der Klimaerwärmung muss in Zukunft mit weiteren Unwettern gerechnet werden.

Population
Es wird von weniger als 1.000 Tieren ausgegangen.

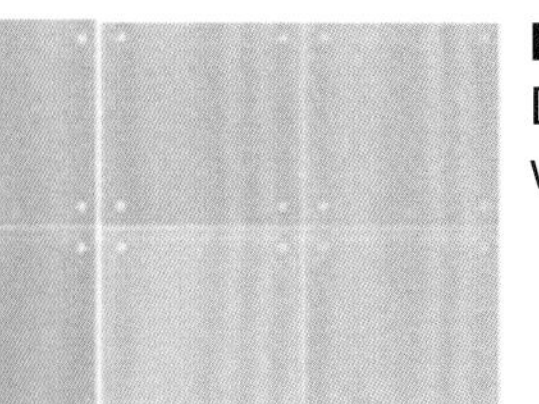

Besonderheiten
Das Waldgebiet, auf dem die Schlangenart gefunden werden kann, ist nicht mal 1 km² groß.

 Chilabothrus argentum

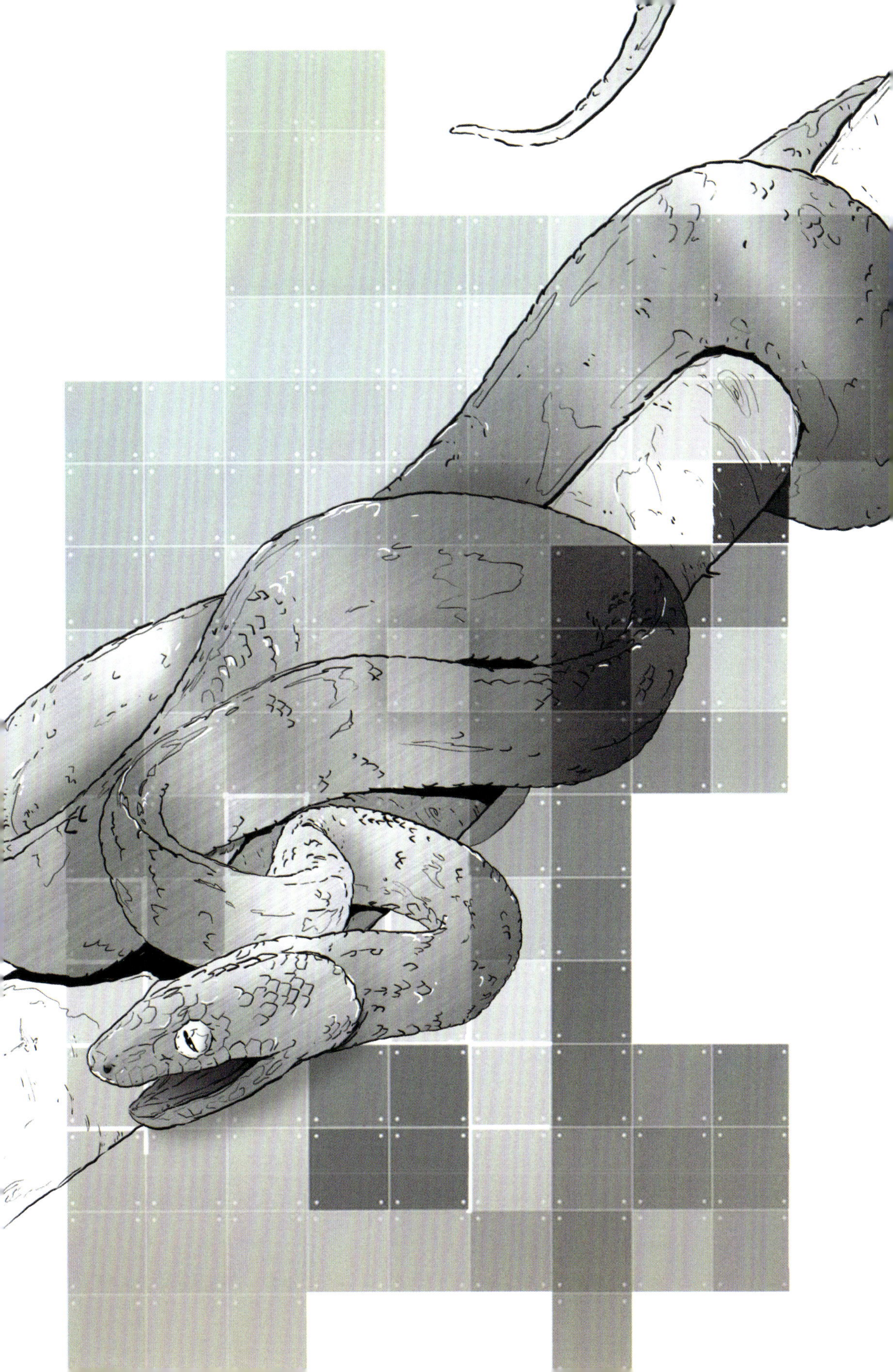

Mustache False Brook Salamander

Oaxaca, Mexiko

Der Name dieser äußerst seltenen Salamanderart ist auf die beiden weißlichen Ausstülpungen über dem Maul des Männchens zurückzuführen, die an einen Schnurrbart erinnern.

Habitat
Tropische und subtropische Feuchtwald-Gebirgsregionen

Bedrohung
Siedlungen, Land- und Forstwirtschaft sowie damit einhergehende maschinelle Rodungen und Brandrodungen haben den Lebensraum der Art dramatisch verkleinert.

Population
Das letzte gesichtete Exemplar wurde 1999 dokumentiert. Da sich die Umweltbedingungen des Lebensraums kontinuierlich verschlechtert haben, wird davon ausgegangen, dass die Population kleiner wird.

Besonderheiten
Obwohl die Art auch nach mexikanischem Gesetz als bedroht eingestuft ist, steht das Gebiet, in dem sie gesichtet wurde, nicht unter Schutz. Entsprechende Maßnahmen sowie eine bessere Dokumentation der Spezies sind dringend notwendig.

Pseudoeurycea mystax

Himmelblauer Zwergtaggecko

Kimboza National Forest Reserve, Tansania

Die Echsen sind auf die Schraubenbaumart *Pandanus rabaiensis* spezialisiert, die in Sumpfgebieten mit Kalksteinvorkommen zu finden ist. Ein Baum wird häufig von einem Männchen, einem oder mehreren Weibchen sowie etlichen Jungtieren bewohnt.

Habitat
Tropische und subtropische Feuchtwaldgebiete

Bedrohung
Massive Rodungen und der Abbau des für den Schraubenbaum wichtigen Kalksteins verringern den Lebensraum des Himmelblauen Zwergtaggeckos deutlich. Darüber hinaus werden die Tiere in starkem Ausmaß für die Haltung in Terrarien gefangen.

Population
Die Echse kommt ausschließlich auf einer Fläche von 20 km² vor. Es wird vermutet, dass die 2009 auf 150.000 Tiere geschätzte Art inzwischen in ihrer Zahl gesunken ist.

Besonderheiten
Zwischen 2004 und 2009 hat der internationale Tierhandel mindestens 15% der Population gekostet. Der Export der Spezies ist nicht durch das *Washingtoner Artenschutzübereinkommen* verboten und kann so nur schwer nachvollzogen werden.

Lygodactylus williamsi

Alle Angaben zu den bedrohten Tierarten auf den Seiten 8–57 sowie 62–132 basieren auf der Datenbank der *IUCN Red List*:
IUCN 2019. The IUCN Red List of Threatened Species. Version 2019-1. http://www.iucnredlist.org (Stand: Juli 2019).

Die Informationen zum Deutschen Hirschkäfer auf Seite 58 basieren auf der *Datenbank des Deutschen Bundesamts für Naturschutz*:
https://www.bfn.de/fileadmin/BfN/natura2000/Dokumente/Col_Lucacerv.pdf (Stand: Juli 2019).

Illustrationen
Sascha Düvel

Text
Sascha Düvel und Till Schröder

Layout
Sascha Düvel

Lektorat
Dennis Krause und Till Schröder

Mitarbeit
Fenna Tinnefeld und Joachim Vennekötter

Druck
Druckerei Kettler/ Bönen

ISBN
978-3-946154-48-8

Die Deutsche Nationalbibliothek verzeichnet diese Publikation in der Deutschen Nationalbibliografie; detaillierte bibliografische Daten sind im Internet über http://dnb.d-nb.de abrufbar.

www.deutscher-architektur-verlag.de
www.saschaduevel.de

Sascha Düvel wurde in Niedersachsen geboren und lebt seit seinem abgeschlossenen Designstudium in Münster. Bereits während des Studiums arbeitete er für die verschiedensten Auftraggeber aus Deutschland, Österreich und der Schweiz, darunter sind Arbeiten für Magazine, Zeitungen und Buchverlage. Inzwischen arbeitet er als Art-Director und führt sein eigenes Illustrations-Atelier.

Sascha ist bekannt für seine unverwechselbaren Editorial-Arbeiten, die mit einer Mischung aus organischen Bleistiftstrichen, digitalen Silhouetten und Aquarelltexturen geschaffen werden. Neben einer monatlichen Illustrations-Kolumne für LGQT-Aufklärung, setzt er sich mit seinen Zeichnungen für den Naturschutz ein.

***Ich möchte diese Naturschätze
(selbst wenn nur illustrativ)
für die zukünftigen Generationen bewahren.***

Besuchen Sie mich im Internet:
www.saschaduevel.de